Ce ne sont

Que des mots

André Sarrazin

CE NE SONT QUE DES MOTS

Édition : André Sarrazin
Publié par André Sarrazin
2018

Du même Auteur

Derrière les mots…
             Se cachent les humains   2016

Il y avait un enfant
             Survivre à la colère   2017

À paraitre

Il y avait un enfant
             Le chemin de la liberté   2019

ISBN 978-2-9815940-6-8 (version imprimée)
ISBN 978-2-9815940-7-5 (ePUB)
ISBN 978-2-9815940-8-2 (PDF)

Édité et Publié en 2018 par :
André Sarrazin
4 route Principale E
Marsoui,
Québec, Canada, G0E1S0

anizars@hotmail.com

Parfois, les mots doivent être dit
Et ils brisent le silence ….

Table des matières

Préface

Il y a moins de dix ans, lorsque j'ai commencé à écrire, je pensais m'être découvert une nouvelle passion. Je ne me rappelais pas qu'il y a plus de 20 ans, je m'étais servi de l'écriture pour évacuer certaines souffrances qui déjà avaient envahi mon intérieur.

À cette époque, je me sortais, difficilement et seul, de l'enfer dans lequel je vivais et qui tournait autour de la drogue.

Cela m'avait aidé à arrêter la consommation et à me redonner le goût de vivre. Je croyais même avoir compris et retenu les leçons apprises durement.

Croyant avoir gagné, j'ai arrêté d'écrire et j'ai recommencé à vivre de la façon dont la plupart des gens le font, soit le travail, l'argent, 2 ou 3 semaines de vacances et ainsi de suite.

Mais, en fait, je n'avais rien compris. J'avais oublié de me choisir. J'avais oublié mon vrai moi, ma vraie nature. J'avais oublié plus que mes rêves.

Et j'ai continué durant 20 ans à essayer de prouver que j'étais capable, que je pouvais réussir et relever des défis que je me lançais, toujours dans le but de faire plaisir.

Rien n'était réglé. Ma colère était toujours présente. Je réagissais au quart de tour. J'étais toujours impulsif. J'entretenais mes peurs, je fuyais devant la difficulté.

Puis, un jour, je suis arrivé, complètement défait, dans le bureau de Sylvie. Bureau que j'allais, sans le savoir à ce moment-là, fréquenté durant près de dix ans.

Oui, près de dix années, c'est le temps que cela m'a pris pour me révéler à moi-même, qui j'étais, moi André par rapport à moi-même.

Avant d'y parvenir, il a fallu du temps et de l'énergie pour régler ces souffrances. C'est à ce moment-là que sur une suggestion de Sylvie, j'ai commencé à écrire.

Très vite, j'ai réalisé que l'écriture m'aidait à identifier, à extérioriser des émotions. À mettre des mots sur des situations vécues dans le passé. À me révéler ma vraie nature ou personnalité.

Je vous présente, ici, quelques textes que j'ai écrit durant cette période. Certaines personnes les qualifient par le mot poème. Moi je continue à les appeler textes. Je n'ai pas la prétention d'être un poète, sinon un poète moderne avec un style d'écriture libre.

Mon but, en les publiant, est d'essayer de sensibiliser les gens, à la souffrance intérieure, qui souvent fait peur.

Aussi, peut-être qu'une personne se reconnaîtra et que ces textes lui redonneront l'espoir que parfois tout peut changer.

Pour ma part, je suis reconnaissant aux personnes que j'ai rencontré sur ma route et qui m'ont permise de devenir celui que je suis aujourd'hui.

Bonne lecture

André

Les Mots
06-04-2013

Vous trouvez que mes mots sont négatifs,
Et pourtant, pour moi ils sont positifs.
Donner un sens à des mots,
Ce n'est pas si simple.

Les situations ne se prêtent pas toujours,
À pouvoir exprimer ce que l'on vit.
Comme j'aimerais te dire,
Mais les mots me manquent…
Ils en existent pourtant beaucoup.

Les sentiments, les émotions,
La vie, la mort,
L'amitié, le mépris.
La joie, la colère,

Le frère, le traitre,
Et encore, et puis,
L'éternité, l'infini,
La puissance, la faiblesse.

Tous ces contraires qui s'attirent,
Peuvent tous être décrit.

Ils nous font rire et pleurer,
Nous attendrir et nous durcir,
Nous réjouir et nous peiner.
Ils nous font s'aimer et nous haïr.

Comme ils sont remplis,
De bon sens,
Et de mauvais sens,
Et ce, sans faire de jeux de mots.

Il faut les prendre,
Parfois à la légère,
Et parfois sérieusement.

Même si toute vérité,
N'est pas bonne à dire,
La tasser dans un coin,
Nous fera souffrir.

Et lorsqu'ils ont atteints,
Le bout de la pensée,
Il vaut mieux les taire,
Afin de ne pas déplaire…

Ce Ne Sont Que Des Mots...

28-05-2018

Réflexion sur les qualificatifs.

Lorsque j'étais à l'école,
Le professeur nous enseignait
Ce qu'était les qualificatifs.

« Les qualificatifs sont des mots
Qui définissent une qualité à un nom. »
C'est vraiment clair pour celui
Qui débute dans la vie, n'est-ce pas ?

Le dictionnaire, pour sa part, nous dit :

« Se dit d'un terme, d'une locution
Qui exprime la qualité, la manière d'être. » [1]

Cela ressemble beaucoup à la première définition.

---

[1] Dictionnaire Larousse (www.larousse.fr)

On parle de qualité.
Mais alors qu'est-ce qu'une qualité?
J'entends des commentaires, disant :
« Hey le comique, on sait ce qu'est une qualité. »
Je dirai qu'on pense le savoir,
                    Mais pas consciemment.

Alors, je continue en allant voir le mot « qualité ».
Wow, Larousse nous en met plein la vue,
En nous donnant huit paragraphes de définition,
Que je ne copierai pas ici.

Mais on parle de « manière d'être »,
« D'ensemble de caractères, de propriétés,
Qui font que quelque chose correspond
Bien ou mal à sa nature. »[2]

Et on continue en nous donnant
La définition philosophique du mot :

« Catégorie de l'esprit qui répond à la question
De savoir si la manière d'être d'un sujet
Peut-être affirmée comme existante ou non
                    À son propos ;
Manière d'être d'une personne ou d'un sujet. »[3]

            « Re Wow »,

---

[2] Dictionnaire Larousse (www.larousse.fr)
[3] Dictionnaire Larousse (www.larousse.fr)

Qu'est-ce qu'une catégorie de l'esprit ?
Décidément, les philosophes sont trop songés
                                    Pour moi.
Alors, j'ai cherché la vraie définition de ce mot,
Qui semble si compliqué à comprendre.

Et je l'ai trouvé. Ça n'existe pas.
Ce mot a été inventé par les humains,
Pour qu'ils puissent se comprendre eux-mêmes,
Dans un système de valeur qui ne crée
                            Que des conflits.
Cette compréhension me vient des enseignements
                                    Du Bouddha.
Et la question est fort simple.
Pourquoi peut-on dire : « Tu es belle ou beau. »
Pourquoi peut-on dire : « Ceci est grand. »

Parce que, en inventant les mots « belle »,
                        « Beau », « grand »,
L'humain a aussi inventé des mots tel que « laide »,
                        « Laid », « petit ».
L'humain s'est inventé un système de comparaison.

Quelqu'un ou quelque chose est beau
Par rapport à une autre qui, selon nous, est laid.
Je peux donc être beau par rapport
                        À quelqu'un de laid,
Mais je peux aussi être laid par rapport à un autre
                            Qui est beau.

Alors, je suis beau et laid, selon mon interlocuteur.
Et mon interlocuteur a le plein contrôle sur moi.

Quelqu'un me dit que je suis beau,
Et me voilà souriant, joyeux, heureux.
Cependant, quelqu'un me dit que je suis laid,
Et me voilà le visage triste, peiné,
                    Et même en colère.

Mais dans le fond, si je regarde à l'intérieur de moi,
Quel est mon sentiment réel, de moi envers moi.
Et cela est vrai pour tous les qualitatifs.
Ces mots jouent sur mon humeur, toute la journée.

Ce matin, je me suis levé,
Heureux de commencer une nouvelle journée.
Je m'habille et je sors marcher.
En tournant au coin de la rue,
                    Je commence à changer.

Je rencontre quelqu'un qui me traite d'innocent,
Parce que je ne l'ai pas vu et que je l'ai bousculé.
Je me suis excusé,
Mais il m'exprime tout de même
                    Son mécontentement.

Et je deviens un peu moins heureux.

Puis au magasin,
Le client derrière moi, qui passe
                    Un mauvais moment,
Me fait la remarque qu'à mon âge,
Nous ne sommes pas trop vite,
Et que l'on devrait s'abstenir,
De ralentir les gens pressés.

Et me voilà fâché, triste de cette remarque.

En revenant chez moi, je rencontre ma voisine,
Qui est aux prises avec une boîte lourde.
J'offre mon l'aide,
Et nous montons la boîte chez elle.

Elle me dit qu'elle est chanceuse
D'avoir un voisin serviable et attentionné.
Et voilà ma bonne humeur revenue,
Et mon sourire et je redeviens heureux.

Tout cela s'est passé en 1 heure.
Voilà comment le système de valeurs
D'une autre personne peut m'influencer,
Et me faire apprécier ou détester la vie.

Et cela est vrai pour tous les mots
Que nous avons inventé pour juger les autres,
Selon notre système de valeurs.

Soyons conscients
De ce que nos paroles peuvent produire.
Elles peuvent créer des joies de vivre,
Ou encore, créer des conflits, et même des guerres.

Pourtant, Ce Ne Sont Que Des Mots.

La Mort
24 FÉVRIER 2013

Elle est là qui nous guette.
Personne n'y échappe.
On ne sait pas quand,
Mais elle nous attrape.

Elle est la finalité,
Le bout de la route.

Certains essaient de l'éloigner.
Mais ils ne font que retarder,
Le moment où cela arrive.

On n'ose pas en parler,
Comme si prononcer son nom,
La faisait apparaître.

Mais, elle est là.
Et lorsqu'elle viendra,
Serais-je prêt?

Et après son passage,
Que se passera-t-il?

J'ai beau chercher,
Il n'existe pas de certitude.
Alors, que croire?

On dit que la souffrance disparaît.
Alors si cela est vrai,
Est-ce que la joie disparaîtra aussi?
Tant de questions sans réponses.

Elles m'assaillent,
Remplissent ma tête,
Se bousculent,
Et m'empêchent de profiter de la vie.

Au fond, ne devrais-je y penser,
Que lorsque le moment sera venu?

Lâches Prise
12 MARS 2013

Je m'accroche
À mes peurs.

Je m'accroche
À mes colères.

Je m'accroche
À mon passé.

Je m'accroche
À mes erreurs.

Je m'accroche
À ma révolte.

J'essaie d'oublier.
Et c'est impossible.

Je voudrais changer.
Et c'est insurmontable.

Je voudrais comprendre.
Et cela ne changerait rien.

Alors plus qu'une chose à faire,
Plus qu'un geste à poser.
Si je veux avancer,
Je n'ai pas le choix.

LÂCHES PRISE

L'Inspiration
17 MARS 2013

Ce matin, elle est au rendez-vous.
J'ai comme un goût de créer.
Je me sens tellement bien.
J'ai des choses à dire.

La musique trouve le chemin.
Elle va de mon cœur à mes doigts,
Sans passer par ma tête.

Je sens le besoin d'exprimer,
Ce que je vis en dedans.
Je veux crier à tous, que je vis,
Et qui je suis.

Je veux exprimer la colère et la joie,
Ma peine et ma souffrance,
Ma solitude et mon amour,
J'ai tellement…

Voilà que ça se bouscule à la sortie.
Les mots, la musique,
Par quoi je commences.

Je penses à écrire,
Mais je ne penses jamais à enregistrer
Ce que je joues.
Je n'ai pas encore la discipline.

C'est vrai que lorsque je me sens
Comme aujourd'hui,
C'est fort et je ne contrôles pas cette envie.
C'est comme un torrent, une chute,
Ça se bouscule à la sortie…

Profiter du moment,
Tout oublier,
Lâcher prise,
Comme cela est bon.

Suivre mon instinct,
Je me sens bien.
Ne me cherchez pas,
Je suis en déplacement,

Dans mon cœur….

Le Bonheur

23 MARS 2013

Depuis longtemps,
Je me demande ce qu'est le bonheur,
Comment pouvoir dire que je suis heureux,

Je pense que je suis heureux,
Lorsque je vis le moment présent.

Cela est difficile,
Parce que je suis souvent
Hanté par le passé.
Ou je suis souvent à penser au futur.

Comment apprécier ce que je suis maintenant.
Et si je faisais le tour de mon jardin.
Comme dirais mon patron :
Si je regardais dans ma cour.

Je suis maintenant,
Presque en paix avec moi-même.
Je dois sentir le pardon en moi.

Il y a des choses,
Que je ne pourrai jamais réparer.
Il ne s'agit pas de les oublier,
Mais de me pardonner.

Je suis souvent déchiré
Par le remords,
Ou par le regret.

Aujourd'hui, c'est sans doute,
La seule action que je ne peux nommer,
Qui me hante toujours,
Et qui vient de mon passé.

Comment faire pour me pardonner,
Sans réparer ces actions?
Quel est la solution?

Peut-on vraiment se pardonner?
Comment faire pour atteindre la sérénité?
Il y a des gens à qui je ne pourrai jamais,
Demander pardon.

Je pourrais nommer,
La plupart des femmes que j'ai connu.
Les femmes qui m'ont fait confiance,
Et que je n'ai pas respecté, dans ma souffrance.

Et lorsque je pense,
Je suis responsable des conséquences,
Mais je ne suis pas responsable,
De la provenance de ces actions.

Je ne le savais pas.
Et je ne le réalisais pas.

Bon je suis encore dans le passé.
C'est vraiment difficile,
De rester dans le présent.

Lorsque je pense,
Que je me suis pardonné,
Cela revient me hanter.

Je reviens à mon jardin.
J'ai mis en place sans le savoir,
Tout un environnement pour grandir.
Pour devenir responsable de moi.

Je veux prendre soin de moi.
Découvrir qui je suis.
Je suis un passionné,
Quelqu'un qui se donne à fond.

Lorsque j'aime,
Je suis créatif.
Cela me permet de me sentir bien.

Lorsque je crée,
Je sens comme une vibration à l'intérieur de moi.
Je vais en parler dans un autre texte.

J'ai avec moi un être merveilleux,
Qui me fait découvrir à tous les jours,
La fidélité et la confiance,
L'amitié et l'amour.

Mon chien m'apprend beaucoup.
Et je crois qu'il m'a sauvé la vie.
Lorsque j'étais dans la souffrance,
Des dernières années.

Sans le savoir,
Dieu m'a guidé vers lui.
C'est comme un signe.

Et je dois comprendre,
Que j'ai encore des choses à réaliser.
Que je dois faire confiance.

Et que mes expériences,
Peuvent servir à d'autres.
Que ce soit à travers la musique,
Ou les partages,
Mes textes ou autrement.

Je dois me concentrer,
À apporter de l'espoir aux autres.
Je dois laisser Dieu guider mes pas,
Et faire confiance que le meilleur est à venir.

Que la souffrance s'estompe,
Pour laisser la place à la chaleur et à la joie,
D'apporter un peu d'amour aux autres.

Je dois chasser la peur qui m'habite,
La peur des autres,
La peur du jugement.

Je dois apaiser mon tourment.
Laisser l'inspiration m'envahir,
Peu importe la provenance.

Et lui permettre de me laisser,
Créer une nouvelle vie,
Qui m'apportera ce à quoi j'aspire.

C'est sûrement la seule façon de vivre.
D'utiliser les talents que j'ai,
De mettre en évidence,
Ce que je peux et sais faire.

Ce n'est pas manquer d'humilité,
Mais c'est plutôt de m'occuper de moi.

J'ai besoin de m'extérioriser.
J'ai besoin d'être reconnu.
De sentir que j'ai ma place.

De trouver le courage,
De faire maintenant,
Ce que j'aurais dû toujours faire.

Et voilà que le passé,
Et les regrets reviennent.

Dans le fond,
Pour être ici aujourd'hui,
J'avais sûrement besoin,
De vivre et faire ce passé.

Ce sont les expériences passées,
Qui font le présent.

Je pourrais faire la liste de mes qualités,
La liste de mes talents.
J'en ai plusieurs.

Mais l'important,
N'est- ce pas plutôt,
De les utiliser.

La Création

24 MARS 2013

Comme j'aime le processus de créer.
C'est comme une drogue.
C'est vivre,
Laisser s'exprimer la vie de l'intérieur.

Lorsque je laisse s'exprimer en moi,
Des émotions et des sentiments,
Qui sont à l'intérieur de moi
Je me sens vibrer de joie.

Je tremble de tout mon être.
Ma tête s'emplit de pensée.
Je vis le moment présent.
Je ne pense à rien d'autre.

Que ce soit la musique ou l'écriture,
Je peux me laisser aller.
Je peux être moi-même.
Je n'ai pas besoin de me cacher.

Je suis seul avec moi-même.
Rien ne peut pénétrer ma pensée.
Je n'ai pas besoin de guide,
Ce sont des gestes naturels.

Rien n'est plus merveilleux.
La douceur m'habite.
Je ne dois cela à personne.

C'est moi,
Je suis,
Je vis,
Je me sens bien.

Et lorsque j'ai terminé,
La paix me calme.
Cela doit être la sérénité,
Le sentiment d'avoir accompli quelque chose.

Je me sens tellement bien,
Que je ne voudrais jamais
Que cet état d'esprit me quitte.

C'est bon, c'est tellement....

Les Gens
04 AVRIL 2013

Quand je regarde les gens,
J'ai de la difficulté à imaginer,
Qu'ils existaient avant que je les rencontre,
Qu'ils continueront d'exister après.

Je sais bien que tout ne tourne pas autour de moi.
Même si, lorsque quelqu'un est toujours seul,
Il est facile de s'imaginer être le centre de tout.

Mais sérieusement,
            D'où viennent toutes ces personnes
Qui croisent ma route.
Qu'ont-elles fait et que feront - elles?

Certains diront que je n'ai pas de vie.
Et de m'imaginer la vie des autres
                        Comblent un vide.
Mais ils peuvent penser ce qu'ils veulent,
Moi je dirai que cela est de s'intéresser aux autres.

Je suis plus tourné vers les autres,
Que la plupart des gens.
C'est parce que les autres m'intéressent,
Que je m'interroge.

Et puis, ce que les autres pensent,
N'est pas si important.
Ce qui devient important pour moi,
Est que je me sente bien.
Que je comble mes besoins,
Car personne ne le fera à ma place.

Que je cesse de me préoccuper de l'opinion,
Que j'arrête d'avoir peur du jugement.
Que je fasse pour moi,
Ce que personne d'autres ne fera pour moi.

Et que le reste viendra avec les efforts et le temps.
Une phrase toute faite et facile à dire,
Mais combien difficile,
À appliquer dans la vie de tous les jours.

À force de me le dire,
Je finirai par y croire.
Allez un effort,
Pour que le temps qui reste me ressemble.

La Ville
06 AVRIL 2013

Hier j'ai rendu visite à la ville.
Cela faisait longtemps que je m'ennuyais.
Alors j'en ai profité pour faire un saut.

Et j'ai profité de ce moment,
Pour observer autour de moi.

C'est quand même beau, la ville.
Avec ces grandes rues, bordées de commerces,
Remplies de toutes sortes de marchandises.
De bureaux qui s'affairent dans tous les domaines.

Et des gens qui courent.
Il y en a partout,
À tous les coins de rues,
Qui attendent pour traverser.

Qui ressemblent à des poules,
Dans une grande cour,
Qui ne savent pas où elles vont.
Elles ont le teint blême.

Des manteaux légers,
Malgré le vent froid,
Elles marchent vite,
Regardant par terre.

Elles ne voient pas les autres.
De toute façon, cela ne les intéresse pas.
Elles se concentrent,
Pour ne pas oublier où elles vont.

Elles n'ont pas la mémoire du temps passé.
Elles sont dans le futur.
Les autres n'existent pas.

J'ai vu des quartiers de riches,
Des quartiers de pauvres,
Mais ce sont des quartiers d'humains.

Inconscients de ce qu'ils font sur terre.
Vraiment ils ont oublié,
Et ils ne veulent plus y penser.

Toutes les richesses mises à leur disposition,
Et qu'ils détruisent à grand coup,
De suffisance et d'égoïsme.

Ils me font penser à mon chien,
Qui croit que tout ce qui est par terre,
Lui appartient.

Leur maxime:
"Si je le vois, c'est à moi!"

Mais moi, ne suis-je pas un peu ainsi?
Sûrement pas mieux que les autres.
Je ne puis juger les autres,
Car moi-même, je ne veux pas être jugé.

Vraiment tous ont enfoui au fond de leur cœur,
Le même rêve d'appartenance à ce monde
De richesse et d'amour.

C'est seulement que cela,
Est enfoui très profondément.

Mon Arbre

27 AVRIL 2013

Dans mon jardin,
Il y a un arbre.
Cet arbre est grand,
Majestueux.

Il a su avec les années,
Se défendre contre les intempéries.
Trouver une place parmi les autres,
Même si certains voulaient,
L'empêcher de grandir.

Ce n'était pas méchamment,
Mais chacun doit,
Pour survivre,
Être le plus fort.

Il a su aussi,
Combattre les maladies,
Qui surveillaient ses faiblesses,
Et qui tentaient de s'en nourrir.

À tous les printemps, il revit,
Et se pare de feuilles,
Qui l'habillent et le nourrissent.

Puis vient l'été,
Et il rafraichit son entourage,
Avec son ombre,
Où il fait si bon se reposer.

Puis à l'automne,
Il met sa robe de couleurs,
Qui émerveille,
Par ses teintes de la connaissance.

Il a maintenant pris assez de force,
Pour faire face aux vents froids de l'hiver,
Qui encore une fois tenteront,
De l'abattre.

Mais je sais bien, qu'encore une fois,
Même s'il est blessé à nouveau,
Il reviendra à la vie, au prochain printemps,
Pour profiter de la chaleur de l'été.

Pourquoi
27-04-2013

Combien de fois,
Me suis-je demandé,
Cette simple question?

Et je n'ai jamais été,
Capable d'y répondre.

Lorsque cela arrive,
Un poids me pèse sur les épaules.
Je deviens incapable d'avancer,
Incapable de me sentir bien.

Le but s'éloigne.
Tout devient pénible.
Je dois chasser cette question,
Qui demeurera sûrement sans réponse.

De toute façon,
Il ne servirait peut-être à rien d'y répondre.

Souvent je penses que la réponse,
Apportera la sérénité.
Mais je ne sais pas,
Si cela servirait à quelque chose.

De me torturer l'esprit,
M'empêche de poursuivre,
Le but que je me suis fixé.

C'est comme si la peur revient.
Et même si je sais que je m'enfonce,
Il est difficile de chasser cette question.

Pourquoi?

Dépendance
26 MAI 2013

Il y a 2 ans, j'ai mis fin
À 50 ans de dépendance.
Alcool, drogue ont fait partie de ma vie
Durant toutes ces années.

C'étaient pour moi des médicaments,
Pour apaiser la souffrance qui m'habitait,
Et que j'avais enfouie
Profondément en moi.

Peu de personnes
Connaissent ce côté de moi
C'est un secret difficile à partager.
Il y a tellement de préjugés.

Donc il y a 2 ans,
Alors que j'étais complètement
                    Détruit, perdu,
J'ai, dans un dernier effort de survie,
Décidé de me reprendre,

Et arrêter la destruction,
L'espace de 24 heures.

2 ans plus tard, je sais maintenant,
Ce qu'il faut de courage et d'élan,
À un alcoolique pour stopper le courant.

Et j'ai donc, 1 jour à la fois,
Commencé à panser mes blessures,
En débutant,
Par les plus apparentes.

J'ai aussi essayé de redécouvrir la vie,
Les relations avec les autres.
Mais aussi apprendre à me connaître.

Découvrir que j'étais responsable,
De ce qui m'arrivait.
Et que seul moi,
Pouvais me changer.

Aujourd'hui, je me regarde.
Et je peux affirmer,
Comme il est dit dans la première promesse AA :

« Nous serons étonnés des résultats,
Même après n'avoir parcouru
Que la moitié du chemin »

La Route Commence Ici

(PARTIE 1)

29-05-2013

LA DÉCISION

Il y a quelque temps,
J'ai décidé de faire un voyage.

Il ne s'agissait pas d'un voyage
                    D'une fin de semaine,
Ni même d'une semaine,
Mais un voyage d'une vie,
Un voyage de dernière chance.

Un voyage qui peut avoir 2 destinations.
Même si elles sont connues,
La route ne l'est pas.
Je sais qu'elle sera remplie de choix.

Que ces choix pourraient m'amener
                    Dans des pays inconnus.
Dans des sentiers remplis de dangers,
De cul de sac, d'embûches de toutes sortes.
Mais aussi, de raccourcis, d'autoroutes rapides.

Je sais que prendre la décision de partir,
Est déjà une victoire en soi.
Mais ce n'est que le début.

Alors, je dois me préparer à affronter mes peurs,
Afin d'avancer sur la route de l'inconnu.
La préparation est importante.
Il s'agit d'une tâche complexe.

Préparer le véhicule qui me transportera.
Faire le ménage intérieur de la roulotte,
Qui m'hébergera lors des intempéries,
Et me protégera lors des journées plus chaudes.

Il me faut une liste des effets à apporter.
De ceux qui sont inutiles
Pour ne pas m'encombrer inutilement.

Ah oui, j'oubliais une carte,
Pour me guider si je ne veux pas me perdre.
Surtout ne pas la mettre trop loin,
Et la consulter régulièrement.

Comme je ne sais pas ce que je vais rencontrer,
Il me faut aussi apporter de la nourriture,
Celle de l'esprit pour m'éclairer durant les nuits
d'encre.

Je dois me fixer des buts, des villes à visiter.
C'est important car je pourrai savoir où me diriger.
Vraiment il y a beaucoup à penser avant de partir.
Une bonne préparation peut faire une réussite.

Mais il faut aussi laisser de la place à l'inconnu.
Après tout, l'inconnu peut être remplacé,
Par la découverte des merveilles,
Et me laisser vivre du bonheur.

Alors, qu'est-ce que j'attends,
Pour commencer cette préparation?

Ce ne sont que des mots

Le Vide

03 JUIN 2013

Sentir le vide,
La sensation du plus profond,
Du manque,
Quelle sensation atroce.

Cela arrive parfois,
D'avoir l'impression,
De passer à côté de quelque chose.

Pas facile d'accepter,
Même si je sais,
Qu'il faut vivre cela,
À l'occasion.

Difficile à expliquer ce qui se passe.
Peut-être des attentes non comblées,
Peut-être des leçons à tirer,
Sûrement des réflexions à faire.

Mais pas de remise en question pour l'instant,
Ce serait admettre un échec.
Mais ce n'est pas ce que je veux,

Persister et continuer.
Après tout je suis convaincu,
Que je suis sur la bonne voie.

Et que parfois,
Cela ne fonctionne pas du premier coup.

Alors fais-moi un câlin!
Dis-moi des mots d'encouragement!
Et soutiens-moi dans la remontée.

La Route Commence Ici

(PARTIE 2)

06-06-2013

Durant longtemps,
J'ai rêvé de changement.
J'ai pleuré sur la difficulté,
Dans l'inaction, je me suis réfugié.

J'ai fui face à la peur.
Et toutes ces années,
Ne m'ont mené nulle part.

Il y a 2 ans, j'ai décidé
Qu'il était temps de passer à l'action.
Que je devais entreprendre un voyage,
Avant qu'il soit trop tard.

Mais dans le fond,
Il n'est jamais trop tard.
Alors, j'ai commencé à me préparer.

Partir pour un voyage demande
Un minimum de préparation.

Faire le ménage,
Décider de la destination,
Préparer les bagages,
Tracer la route.

Alors 2 ans plus tard,
J'ai un itinéraire.
Le billet de transport est acheté.
Je dois être à l'heure pour prendre le vol.

Et surtout, faire confiance au pilote.
Pas le choix, j'ai essayé longtemps de piloter,
Mais je dois réaliser,
Que ce n'est pas un succès.

Je dois écouter les consignes,
Transporter mes valises de connaissances.
Être prêt à aller à la vitesse du moyen de transport.

Être prêt à gravir les montagnes,
À voir des paysages incroyables,
À assister à des évènements festifs,
À parfois essuyer des tempêtes.
Et emplir ma tête de souvenirs inoubliables.

Voilà je suis prêt.
La route commence ici.

Les Bons Moments
14-06-2013

Depuis quelques temps,
Il m'arrive de bons moments.

Que ce soit le simple geste de quelqu'un,
Que ce soit la parole d'encouragement,
Que ce soit l'aide que l'on m'apporte.

Ou même tout simplement,
De me faire confiance.
Je suis très content,
De pouvoir les apprécier.

Cela met un baume sur mes plaies.
Et même je me surprends,
À sourire tout simplement,
En y pensant.

Merci la vie,
De me permettre de vivre,
Ces bons moments!

Persévérance
15-06-2013

S'il est une qualité qui m'habite,
C'est bien la persévérance.
Depuis aussi loin que je me rappelle,
Je n'abandonne pas facilement.

Rarement, je délaisse un travail,
Avant d'avoir trouvé la solution.

Et je recommence sans relâche.
Je tourne le problème dans ma tête,
À en devenir fou.

C'est comme si je voulais,
Me prouver que je suis capable.
Que je peux réussir.

C'est une qualité,
Mais qui peut devenir un défaut.

Parce que dans le fond,
Je n'ai pas toujours besoin,
D'être le meilleur.

Parfois il suffit simplement d'être bien.

La Réussite

30 JUIN 2013

Longtemps, j'ai pensé
Que la réussite passait par le travail.

Qu'une belle carrière,
Amenait beaucoup de biens matériels,
Afin d'être confortable.

Bien que dans le travail,
J'ai toujours eu un certain succès,
Je n'étais pas satisfait, jamais content.
Et en finale, je me décourageais.

Et comme je l'ai déjà dit,
Je souffre de la maladie de la boîte.
Alors je n'étais jamais satisfait de ce que j'avais.

Aujourd'hui, alors que j'ai commencé,
À modifier ma façon de penser,
Je m'aperçois que ce qui est important,
Est de me sentir bien.

En changeant cette valeur de réussite,
Le but devient soudainement,
Plus facile à atteindre.

Car dans le fond,
Je me suis imposé,
Ces valeurs inatteignables.

Et il n'en tient qu'à moi,
De modifier cette façon de penser.

Si je recherche plutôt,
La paix de l'esprit, le calme intérieur,
Et que je fuis la tempête,
Ma vie ne peut être que satisfaisante à mes yeux.

Si je fais des choix pour moi,
Et non en fonction des autres,
Mais tout en respectant ceux qui m'entourent,
Je ne peux faire autrement que de bien me sentir.

Et je sais que je vivrai,
Dans la joie, l'amour.
Et de cette façon,
Je serai en accord avec moi.

Les Fantômes

10 JUILLET 2013

Ils sont là qui hantent mes jours et mes nuits.
Ils occupent beaucoup de place,
Dans mes pensées.

Comme s'il m'était impossible,
De les faire disparaître.
Ils contrôlent mes actions,
Me font faire de l'anxiété.

Ils se dressent devant moi,
M'empêchant d'avancer,
Me donnant le goût de retourner en arrière,
Et de changer ma vie.

Depuis le début,
Je sais que cela n'est pas possible,
Mais d'y penser,
Et de connaître la source de mes peurs,
M'aidera peut-être à les vaincre.

Je dois cesser de penser que je ne peux rien réussir,
Et commencer à réaliser,
Que j'ai réussi beaucoup de choses.

Je dois cesser de mettre en doute,
Les pensées des autres.
Toutes ces années de souffrance,
Que je peux commencer à identifier.

Toutes les intimidations que j'ai vécues,
Toutes les humiliations que j'ai subites,
Pourquoi ont-elles autant d'emprise sur moi?
Pourquoi continuent-elles à me faire si mal ?

Un jour je l'espère,
Je pourrai apprendre à vivre avec eux.

Content
16 OCTOBRE 2013

Je vais dire une énormité.
Quelque chose que je ne devrais pas dire,
Ni même penser.

Certains penseront
Que je suis plus atteint
Qu'il ne parait.

Une personne saine d'esprit,
Ne devrait pas
Démontrer de satisfaction
D'avoir vécu ma vie.

Vous avez sûrement raison,
Si l'on se place dans le contexte
De la majorité des gens,
Et je vous l'accorde.

Mais dans le monde
D'où je viens,
Tout ce qui semble normal,
Ne l'est pas.

Vous vous demandez quel est mon sujet.
Vous vous dites que je divague,
Que j'ai pris trop de pilules.

Mais non! je ne deviens pas complètement fou.
Je n'ai pas perdu la carte.
Je suis content et même heureux,
D'avoir vécu ce que j'ai vécu.

La souffrance, la déchéance,
La solitude et la destruction.
Je vous le dis,
J'en suis heureux.

Parce que, ce que j'ai vécu,
Dans le passé,
Me permet de vivre maintenant
Des moments inoubliables.

Ce soir, j'ai rencontré des gars,
Qui ont vécu ou vivent encore
La même souffrance que moi.

Pour plusieurs, ils n'en sont pas conscients.
Ils ont encore le nez dedans.
Et je sais combien c'est difficile
De voir au-delà.

Mais de mon côté,
Je prends conscience
D'où je viens
Et de ce que j'ai maintenant.

Je peux maintenant
Faire des choix,
Et suivre la route
Qui me convient.

Toute une chance,
Vraiment de quoi
Être content....

Ne Cherches Pas
15 NOVEMBRE 2013

Ne cherche pas ailleurs.
Ne cherche pas sur les routes,
Tu y trouveras le doute.

Mais cherches dans ton cœur,
C'est là qu'il habite,
Celui que l'on appelle le bonheur.

C'est vrai que longtemps,
Je n'y ai trouvé que la solitude,
L'ennui et la déprime.

Je n'y ai trouvé que la colère.
Que la révolte et la souffrance.
Tout cela s'était installé,
Sans que je les invite.

Mais aujourd'hui, Je les ai mis à la porte.
Et j'ai laissé entrer des inconnus.
Et j'apprends à les connaître.

Il y a la passion pour la musique,
Pour l'écriture que je n'avais jamais rencontrée.

Il y a l'amitié que j'avais perdu de vue.
Et la confiance qui m'avait abandonnée.

Il y a l'honnêteté qui avait perdu son sens.
Il y a la joie qui fait si chaud à l'intérieur.

Et ce bonheur m'amène la paix,
Avec moi-même et les autres.
La paix si nécessaire à la vie.
Et la sérénité responsable de l'équilibre.

Alors Bonheur, restes avec moi.
Et sois assuré que je ferai tout,
Pour prendre soin de toi,
Le restant de mes jours.

Le Vent Souffle

18 NOVEMBRE 2013

Ce matin, le vent souffle,
Sur la plaine, face à la maison.

C'est un temps d'automne,
Un temps triste,
Qui fait remonter des souvenirs.
Que je ne pourrai jamais oublier.

Rappelle-toi le banc de parc.
L'appartement du sous-sol,
Sale et crasseux,
Qui t'as hébergé durant un temps.

Rappelle-toi la solitude,
Le temps d'attente,
Et le temps de souffrance,

Rappelle-toi le temps de la faim,
Comblé par un voisin,
Que tu n'as jamais revu,
Mais à qui tu dois la vie.

Rappelle-toi la taverne,
Qui était ton marché,
Où les pseudos-amis résidaient.

Rappelle-toi le manque,
Le trou à l'intérieur,
Le vide, impossible à remplir.

Rappelle-toi le froid,
Le temps glacial,
Celui de l'hiver,
Et celui du cœur.

Rappelle-toi la mort,
Celle de l'âme à la dérive,
Qui ne peut s'accrocher,
Qui ne trouves aucun port.

Rappelle-toi.
Surtout n'oublies pas.
Car plus jamais,
Tu ne veux revivre ce temps.

Cœur Qui Pardonne
26 NOVEMBRE 2013

Difficile de pardonner.
Difficile de pardonner aux autres,
Mais plus difficile de se pardonner.

Peut-être le remord
Qui nous hante,
Qui nous détruit de l'intérieur.
A-t-il raison d'exister?

Mais comment peut-on être heureux,
Vivre en paix avec soi-même,
Si l'on n'est pas capable
De se pardonner les erreurs faites?

Je n'ai pas fait de choses graves.
Mais d'avoir agi de façon irresponsable,
D'avoir blessé d'autres personnes,
De leur avoir manqué de respect,

Tout cela est suffisant pour moi.
C'est lourd à porter,
Difficile à oublier,
Impossible à rayer.

Cela fait partie de ma vie,
Cela fait partie de moi.
Même si c'était inconsciemment,
Même si c'était non réfléchi.

Que faut-il faire pour apaiser mon cœur?
Pour que je retrouve la douceur,
La quiétude et la paix
De l'enfant qui est endormi en moi.

Mon cœur d'enfant
Est-ce que cela a déjà existé?

Neutre

1 JANVIER 2014

Depuis quelques temps,
Je suis tombé au neutre.
Je ne sais pas pourquoi,
Mais cela est difficile.

Pourtant tout allait bien.
Je posais des gestes,
Qui me permettait,
De me réaliser.

J'avais des projets,
Qui me motivait,
Qui me faisait avancer,
Qui me soutenait.

La création prenait la première place.
L'écriture et la musique,
Ce que j'aime le plus,
Étaient facile à réaliser.

Ma condition physique,
Que je voulais améliorer.
Un but que je visais,
Pour me permettre de revivre.

Et soudain, tout redevient difficile.
L'énergie me manques.
Je me sens de plus en plus fatigué,
De plus en plus vide.

Je me lève le matin,
Avec de bonnes intentions.
J'ai le goût d'écrire,
J'ai le goût de composer.

Et très vite, je fige.
Je deviens incapable,
Je ne sais plus où commencer,
Et je tourne en rond.

Je dois m'astreindre à une discipline,
Me fixer des buts à court terme,
Me faire des listes,
Et m'y tenir.

Je dois travailler ma persévérance.
Même si ce n'est pas facile,
Moi qui ai toujours semblé,
Être organisé.

Difficile de cesser d'avoir des regrets,
Et d'être tourné vers l'avenir,
Quand il est incertain.
Et devoir vivre chaque jour,
Comme si c'était le dernier.

Ce matin je me suis levé,
En me disant que j'étais bien,
Que j'avais tout pour être heureux.

Et que je le serais,
Si je continuais,
Dans cette direction.

Ce ne sont que des mots

Passe Le Temps

25 MARS 2014

Passe le temps,
Qui fait de nous,
Des êtres méfiants.

Passe le temps,
Qui nous fait oublier,
Que nous étions enfants.

Passe le temps,
Qui mets sur ta tête,
Tous ces cheveux blancs.

Passe le temps,
Qui fait de mon cœur,
Un artisan de bonheur.

Passe le temps,
Qui oublies,
Tous tes amis.

Ce ne sont que des mots

Passe le temps,
Qui fait de moi,
Un être meilleur.

Passe le temps,
Qui me rapproche,
Et me reproche.

Passe le temps,
Que tous ces gens,
Ne sont que des passants.

Passe le temps,
Qui s'écoule,
Comme un fleuve long.

Passe le temps,
Qui te dit,
Ces mots d'amour.

Passe le temps,
Qui essuie tes pleurs,
Et panse tes blessures.

Passe le temps,
Qui t'amène,
Vers cette fin certaine.

Passe le temps…

Il Y A

23 AOÛT 2014 – 5 JUILLET 2018

Il y a des choses que tu ne peux dire,
À moins de les avoir vécus.
Des souvenirs qui ne peuvent faire rire,
Celui qui les a connus.

Il ne reste rien,
Lorsque s'éveille la réalité,
Celle qui fait mal,
Des rêves détruits.

Cette sensation de ne pas être compris,
Cette recherche de la paix.
Un éternel recommencement,
Des pas vers le néant.

Les peurs venant du passé,
Créant l'angoisse du présent,
Nécessaire pour affronter,
Le futur se dressant sur mon chemin.

Combattre la douleur,
Tenter de l'oublier.
Changer l'impossible,
Apprendre sans comprendre.

Accepter ce qui est.
Parfois se relever,
Encore plus déterminer,
À marcher sans s'arrêter.

Il y a si longtemps.
Et je sais maintenant
Qu'il commence à être tard,
Pour des idées déjà fanées.

C'est Fait

17 OCTOBRE 2014

Aujourd'hui commence une nouvelle vie….
J'ai décidé de me faire confiance,
Et surtout de faire confiance à la vie.

Ma décision, après avoir réfléchi durant de long
mois,
Est finalement prise.
Je sais que j'en ai parlé à plusieurs personnes,
Jusqu'à peut-être en être fatiguant.

J'avais l'air du vieux radoteux
Qui s'écoute parler,
Mais qui ne passes pas à l'action.
Et pourtant, j'en ai accompli de nombreuses.

Mais, il y a des décisions
Qui sont plus difficiles à prendre que d'autres.
Et comme durant une bonne partie de ma vie,
J'ai fonctionné sur des coups de tête, sur la révolte,

Alors….

Difficile, de décider de changer.
Difficile de bouger.

De poser des gestes réfléchis
Qui auront un impact sur le reste de ma vie.
Mais mon choix est fait.

Et je suis prêt à l'assumer.
Après tout, nous sommes les artisans de notre vie.
Les choix que nous faisons sont les nôtres.

Et j'entends souvent
Que lorsque l'on fait de notre mieux,
Et que nous lâchons prise,
Et que nous regardons autour…

Alors…

Et bien c'est ce que je vais faire.
Ramener mes besoins à l'essentiel.
Prendre soin de moi.
M'écouter, me faire confiance,
Et faire confiance à la vie.

Oui, accepter que les autres ne soient pas d'accord,
Qu'ils ne comprennent pas.
Que ce n'est pas ce qu'il ferait,
Mais, ils ne sont pas dans ma peau.

Ma peau, mon corps qui se détruit par lui-même.
Ma tête, mon cœur qui souffrent en silence.
Il est temps que je m'en occupe,
Il est temps que je les panse.

Des projets,
        J'en ai plus que je ne pourrai jamais réaliser.
Plus que j'aurai la force d'accomplir.
Mais je veux m'y mettre,
Il est temps….

Pour cela, j'ai besoin des autres.
De l'inspiration qu'ils m'apportent.
De leur courage, de leur lumière,
De leur énergie…

Je veux partager avec les autres
Ce qu'ils me font vivre et ressentir,
Au travers de mon écriture et de la musique.

C'est difficile, car je sais de quoi sera fait le point
final.
Mais entre aujourd'hui et ce point de non-retour,
Il y a quelque chose à faire.

Et pour y arriver, Je dois commencer
                Par mettre fin à mon passé,
Réorganiser mon présent
Et vivre ce que j'ai à vivre.
Cesser de me fuir.

C'est pour cela, qu'à compter d'aujourd'hui,
Je commence ou plutôt
        Je continue mon grand ménage.
C'est un gros travail.
Il y en a beaucoup à mettre au chemin.

À commencer par le stress d'un travail
Qui est devenu pénible à vivre.

Mais dans 3 mois, ce sera terminé.
Ma décision est prise, Je l'ai annoncé
        Comme il se doit
Et je ne reviendrai pas là-dessus.

Après tout, Jésus nous a dit,
Que si Dieu nourrissait les oiseaux du ciel,
Alors il le ferait tout autant pour ses enfants.

Dans toute ma folie, je pense que je suis
Un de ses enfants qui revient près de lui.

« L'Éternel est mon berger: je ne manquerai de rien.
Il me fait reposer dans de verts pâturages,
Il me dirige près des eaux paisibles.
Il restaure mon âme,
Il me conduit dans les sentiers de la justice,
        À cause de son nom.

Quand je marche dans la vallée de l'ombre de la
mort, Je ne crains aucun mal, car tu es avec moi:
Ta houlette et ton bâton me rassurent.

Tu dresses devant moi une table,
En face de mes adversaires;
Tu oins d'huile ma tête, et ma coupe déborde.

Oui, le bonheur et la grâce m'accompagneront
Tous les jours de ma vie,
Et j'habiterai dans la maison de l'Éternel
Jusqu'à la fin de mes jours. » (Psaume 23)

Ce ne sont que des mots

La Face Cachée

26 OCTOBRE 2014

C'est la face cachée,
Par l'ombre du temps,
Que je me présente à vous,
Mu par la volonté de vivre.

Enlevé ce voile,
Si épais comme une toile,
Que l'on a tiré,
Pour cacher la lumière de la nuit.

Pour découvrir ce côté,
De la lune pleine
Qui ne s'est jamais montré,
Qui n'a jamais pu luire.

Dans la crainte
De vous plaire.
Dans la peur
De ses pairs.

Et que jamais, dans l'absolu vérité,
Qui sera à jamais connu de vous,
Je ne sombre à nouveau
Dans la honte de ne plus avoir devant vous

La face cachée

Retour

5 NOVEMBRE 2014

Aujourd'hui, je me suis payé,
Un retour en arrière.

Je ne sais ce qui m'a pris,
Probablement que je voulais,
Me prouver que j'avais existé.

Alors j'ai fait le voyage.
Retourner sur les lieux de mon enfance,
Ressasser les vieux souvenirs,
Me rappeler je ne sais trop quoi.

Et je ne me suis pas reconnu.
Tout a changé,
Un peu comme moi,
Tout a pris un coup de vieux.

Je n'ai pas été capable de retrouver.
Ce qui a fait de moi ce que je suis,
Cette époque de l'insouciance,
Ce temps qui pouvait durer longtemps.

Je suis passé en coup de vent,
Sans même m'arrêter,
Sans même voir,
Sans même un frisson.

Ma tête n'était pas là,
Mes pensées n'y étaient plus.
Mon regard n'a pas vu,
Comme tout était loin.

Je n'ai pas reconnu le quartier,
Ou pourtant j'ai vécu,
De la naissance à l'âge adulte,
Celui de la délivrance.

C'est devenu une maison,
Parmi toutes les autres.
Une rue qui ressemble à beaucoup d'autres,
Faites de ciment et d'asphalte.

Ce ne peut être là,
Que j'ai mené ce combat,
De révolte et de colère,
Ou j'ai perdu le goût de la survie.

Je reviendrai peut-être un jour,
Parce que je voudrais,
Qu'à mon retour,
Je puisse te conter ma vie nouvelle.

Mais ce soir je suis triste.
Triste de ne plus me rappeler,
Cet endroit où pour la première fois,
J'ai crié que c'était terminé.

Partir À La Guerre
22 DÉCEMBRE 2014

J'avais un frère,
Qui partit à la guerre.
Une fleur à la boutonnière,
La tête pleine de brouillard,
Le cœur remplie d'espoir.

Derrière lui,
Il laissait une chemise.
Devant lui,
Il y avait de l'irréel.
Rien qu'y ne serait immortel,
Rien que sa franchise.

Il rencontra un idéal,
L'invita à le suivre.
Ensemble il pourrait survivre,
C'était pour la morale.

Au fond de lui,
Il savait bien,
Qu'il rencontrerait la misère,
Et aussi, bien des commentaires.

Mais cela c'était son affaire.
Déjà, il avait dû,
Surmonter les jugements.

Condamné par la galerie,
À force d'arguments,
Se sentant comme trahie.

Alors quel serait le chemin,
En courant les lendemains,
En faisant de son mieux,
Pour atteindre le bonheur.

Depuis longtemps,
Que je l'attends.
Aura-t-il pu gagner la guerre?
Aura-t-il su ce qu'il faut faire,
Et revenir en chantant.

C'était l'histoire de mon frère,
Qui Partit à la guerre,
Une fleur à la boutonnière,
La tête pleine de brouillard,
Le cœur remplie d'espoir.

S'il arrivait un beau matin,
Que vous le voyez sur le chemin,
Dans votre cœur, laissez-le entrer.
Faites-lui une place dans vos pensées.

Au fond vous savez bien,
Qu'Il s'agit de mon histoire,
Que je raconte ici ce soir,
Bercé par le brouillard,
D'une vie d'aventure.

La Maladie
31 DÉCEMBRE 2014

La vie est une maladie.
La preuve en est,
Que tous ceux qui en sont atteints,
Finissent par y laisser leur peau.

Et certains sont plus malades que d'autres.
Ils courent et stressent continuellement,
Ne prenant pas le temps,
De reprendre leur souffle.

D'autres agonisent lentement,
Se laissant bercer,
Au rythme de la foule,
Qui les supporte à bout de bras.

Plusieurs ne réalisent pas,
Qu'ils sont vivants.
Et pensent qu'ils ont tout le temps,
Que rien n'est urgent.

Les uns demandent de l'attention.
Les autres de l'indifférence.
Pendant que la masse,
Rugit de toute la force de ses poumons.

Ce n'est qu'un combat de cerveaux,
Qui s'entrechoquent d'idées,
Certaines préconçues par l'ignorance,
Maintes fois remâchées.

Avec le temps, le corps,
Ce véhicule tout terrain,
Meurtrie par ces combats,
Affaiblie par la vie,

Ce corps qui m'a porté,
Finira par s'assoupir.
Et à ce moment,
La vie aura perdu son ultime combat.

Et à ce moment,
L'esprit retrouvera sa liberté,
Et partira ailleurs,
C'est ce que l'on veut croire.

Beaucoup étudient la vie,
Afin de comprendre la mort.
Mais peu ne veulent étudier la mort,
De peur de comprendre la vie.

Et pourtant c'est bien le but ultime,
Celui que tous atteindront,
Victorieux ou perdant,
Libre ou dépendant.

Souffrance

31 DÉCEMBRE 2014

Je pensais connaître le mot souffrance.
Pas celle qui est physique,
Mais bien celle qui est morale,
Celle des émotions, la psychologique.

Mais je n'y connais pas grand-chose.
À chaque jour, j'en découvres une nouvelle,
La tourmente, l'impression d'être rendu,
Au bout de la route.

Écrire, cela n'aide pas à comprendre.
Les autres ne vivent pas la même chose,
Ils ont sûrement la leur.
Ce n'est pas quelque chose qui se partage.

On peut en faire part,
Mais difficile de la transmettre.
C'est un univers propre à chacun,
Venant du passé,
Et nous amenant vers notre futur.

La mienne m'aide à créer,
Elle m'amène où je ne veux pas aller.
Je marche sans connaître,
Ce qu'il y aura demain.

De peine en peine, l'âme pressé,
Sans comprendre, juste assez.

Pour que lorsque je pense avoir atteint,
Le bout du chemin qui est le mien,
Cela recommence.

Comment faire pour ne pas y penser.
La souffrance m'habite,
Comme un locataire qui n'a pas payé,
Et qui détruit ce qui lui est prêté.

Parfois je me demande ce qu'était mon esprit,
Avant de me faire renaitre.
Cela m'aiderait peut-être de savoir,
Et me guiderait sur ce que je dois accomplir.

Tant de routes devant moi.
Pas un maudit panneau d'indication,
Juste la peur de ne pas arriver,
Avant la grande noirceur.

Je vois quelqu'un marcher devant moi.
Dois-je le suivre? Encore une fois.
Ou je me trompe? Encore une fois.
Maudite incertitude, que celle de la folie.

Je vous entends me dire,
Que je ne le suis pas.
Mais comment vous dire,
Que vous ne le savez pas.

Un mot, un geste,
C'est tout ce que vous pouvez faire.
Mais le reste m'appartient,
Personne n'y peut rien.

Chacun son monde, son univers.
Comme pour vous, si je suis ici maintenant,
C'est mon passé qui m'y a amené,
Et demain je n'y serai plus.

Merde
31 MARS 2015

MERDE

Ce ne sont que des mots

Rêveur
7 AVRIL 2015

Je suis un rêveur.
Toute ma vie a été un grand rêve.
Et maintenant,
Je ne sais pas si j'ai le goût de me réveiller.

Plus jeune, c'est d'amour dont je rêvais.
Je rêvais de paix,
Je rêvais de bonheur,
Tout était à l'intérieur.

Je rêvais d'une carrière,
Tout en me sentant artiste.
Je rêvais de créer,
Je rêvais que je triomphais.

Je rêvais de composer.
Je rêvais d 'exprimer,
Au travers de ma musique,
Les sentiments qui m'habitaient.

De partager avec d'autres,
Les émotions que je vivais,
De les faire vibrer,
Au même diapason.

Je rêvais d'utiliser,
Les talents que je possédais.

Je croyais que ce n'était,
Que de cette façon,
Que je trouverais la paix.

En vieillissant, les rêves ont cédé le pas,
À la réalité de tous les jours,
Aux obligations,
À la consommation.

Durant tout ce temps,
J'ai oublié ces rêves.
Je les ai oubliés,
Mais, ils étaient toujours là.

Plus j'avançais dans la vie,
Plus ils se cachaient,
Derrière des portes barrées à double tour,
Et la clé était perdue.

Ce n'est que des années plus tard,
Lorsque j'ai regardé ma vie,
Et que j'ai réalisé ce que j'en avais fait,
Ce qu'il m'en restait.

Ce ne sont que des mots

J'ai pris conscience,
Que je passais à côté,
De tous ces rêves de l'enfance,
Et qu'il commençait à être tard.

La tâche est grande,
Lorsque tu as enterré la clé.

Et que pendant un demi-siècle,
Tu as ajouté couche par-dessus couche,
Toute la terre des chemins parcourus.

Lorsque j'ai pris conscience,
Que je m'étais éloigné,
J'ai voulu rattraper le coup,
Retrouver cette clé et ouvrir la porte.

Alors, je me suis trouvé des alliés,
Afin de m'aider dans cette tâche,
Parce que seul, je savais,
Que je n'y arriverais pas.

J'avais essayé quelque fois,
Mais sans grand succès.
Je ne savais tout simplement pas où chercher.
J'avais même perdu la notion d'orientation.

Et avec cette aide précieuse,
Pour me guider, m'orienter,
J'ai commencé à creuser,
Au début, avec les ongles.

Sans trop y croire,
Je me suis arraché la peau,
J'ai gratté jusqu'au sang,
Sans jamais être sûr d'y arriver.

 Quelqu'un m'avait dit,
Qu'il pourrait me prendre,
Aussi longtemps à trouver ce trésor,
Qu'il en avait pris pour le cacher.

Et je n'avais pas tout ce temps.
Je savais qu'il m'en restait moins qu'avant,
Et lorsque je pensais abandonner,
J'ai enfin trouvé cette clé, la première.

Et oui, la première,
Qui m'a permis d'ouvrir la première porte.

Déception, au moment où tout était gagné,
Derrière cette première porte,
Il s'en cachait une autre.

Et la clé, je m'en doutais,
Était enfouie aussi profondément que la première.
Mais j'avais pris de l'expérience,
Et la tâche s'est avérée moins pénible.

Oui il y a eu encore des moments
                    De découragement,
J'ai encore une fois voulu abdiquer,
Incapable de soutenir un travail,
Épuisant et si peu réconfortant.

Je vous épargnerai la suite,
Car 5 ans plus tard,
Je creuse encore,
Parfois encouragé, parfois dégouté.

Des portes, il y en a eu,
Combien? Difficile à dire.
Et il en reste sûrement,
Encore là, je ne sais pas combien.

Et je cherche toujours des clés.
C'est devenu comme une obligation,
Un besoin de résoudre,
Les mystères derrière ces portes closes.

Je dois absolument les ouvrir.
Ce n'est pas de l'acharnement,
C'est une question de survie.

Parce que se cache quelque part,
Ce que je cherche depuis toujours,

Le Bonheur, La Paix

Rien N'est Parfait
6 NOVEMBRE 2015

Tu sais, rien n'est parfait.
Fais de ton mieux,
Qui sait, un jour viendra,
Où tu réussiras.

Parfois lorsque tu tombes,
Il faut serrer les poings.
Se relever, regarder au loin
Pour sortir de l'ombre.

C'est la vie, on n'y peut rien.
Suis le chemin qui est tien.
C'est la vie, poursuis tes rêves,
Laisses parler tous ces jugements.

Lève les yeux vers l'avenir.
Dis-toi qu'un jour viendra,
Où tu réaliseras qu'être toi,
C'est plus facile que tu le crois.

C'est la vie, on n'y peut rien.
Suis le chemin qui est tien.
C'est la vie, poursuis tes rêves,
Laisses passer tous ces jugements.

Pas besoin de t'en faire,
Être toi-même, cela suffit.
Du fond du cœur, sois celui-ci,
Pas celui qu'on laisse paraître.

Parfois de se connaître,
Prends toute une vie et plus encore.
C'est la vie, on n'y peut rien,
Suis le chemin qui est tien.

C'est la vie, poursuis tes rêves.
Laisses oublier tous ces jugements.
C'est la vie, c'est la vie,

C'est Ta Vie.

L'Intolérance
12 OCTOBRE 2016

Il est si facile d'être intolérant.
Nous le sommes tous très souvent,
Sans nous en rendre compte,
Sans réfléchir à la portée de nos pensées.

Et pourtant, lorsque j'écoute les gens,
Il est beaucoup question des autres,
Et le plus souvent,
Il est question de jugement.

Dans la file d'attente,
La personne au comptoir qui prend plus de temps,
Devient rapidement,
Une nuisance, un illettré.

Sur la route, celui qui nous précède,
Qui est plus lent ou qui hésite sur la route à prendre,
Est aussitôt qualifié de mononcle, de pépère,
Ou de touriste qui ne sait pas où il s'en va.

L'erreur d'une personne qui aussitôt,
Reçoit le jugement des autres,
Et qui devient incompétent,
Menteur ou saboteur.

Essayons plutôt de comprendre,
De soutenir ces personnes,
De se tourner vers les autres,
Plutôt que de les rejeter.

Acceptons que tous ne vont pas,
À la même vitesse que nous.
N'ont pas le même niveau de compréhension.
Et pensons avant de juger.

Pensons qu'un jour,
Nous serons dans la même situation,
Nous changerons, nous vieillirons,
Et nous serons jugés à notre tour.

A-T-On Le Droit ?
14 OCTOBRE 2016

Avez-vous vu cet enfant-là ?
Question demandée ici et là.
La question est simple,
La réponse est dingue.

Personne ne l'a vu.
Tous ces marcheurs de rue
N'en ont rien à faire.
Il ne git pas par terre.

Il est assis dans la ruelle.
Le regard vide de sens,
La bouche muette de mots,
Le teint lourd de blancheur.

Combien ont dû passer,
Sans jeter un regard ?
Ne pas être en retard,
Pauvres angoissés.

Pourtant c'est notre faute,
S'il git à cet endroit.
Ce ne pourrait être la sienne,
Cela semble donc le seul choix.

Sommes-nous si inconscients,
Que nous ne pouvons pas voir!
Sortez vos mouchoirs,
Tout cela est effrayant.

Et pourtant on l'a crié sur tous les toits.
On l'a redit maintes et maintes fois.
Donc vous n'écoutiez pas.
Ce ne serait pas la première fois.

On ne peut vous condamner,
On ne veut pas vous juger.
Non, ne cherchez pas ailleurs,
Nous sommes plusieurs.

Mais qu'avons-nous fait,
Pour que soudainement
On nous traite si méchamment.
Que l'on veuille nous donner le fouet.

Regardez bien!
Voyez-vous son cœur meurtrit?
Entendez-vous
Son souffle court?

Avait-t 'on le droit
De tuer son monde imaginaire?

Ce ne sont que des mots

« Bonne Année »

01-01-2018

Je me demande ce que l'on fête.
On est là à dire à tout le monde qu'on rencontre :
« Bonne Année » gros comme le bras.

On ne leur a jamais parlé, jamais souri
Et eux non plus et on leur dit
« Bonne Année. » C'est quoi ça ?

On ne leur a jamais dit :
« Bonjour » ou « Bonne Journée »,
Puis là, on leur lance un :
« Bonne Année, de la santé à la fin de vos jours. »

« De la santé à la fin de vos jours », ?
Je vais être mort à la fin de mes jours.
Il y a des chances que je ne sois plus en santé.

Au lieu de se lancer des « Bonne Année »
Qui ne veulent rien dire,
Parce qu'on n'a aucune idée
De ce que demain sera fait,

Pourquoi on ne se dirait pas,
Tout simplement, « BONNE JOURNÉE »,
Parce qu'en fait
C'est la seule chose qui existe vraiment.

Depuis maintenant 6 ans ½,
Je m'efforce de vivre le moment présent.
Hier n'existe plus,
Et demain n'existe pas encore.

Il n'y a que maintenant,
Qui compte vraiment.
Et c'est ce que je fais maintenant
Qui décidera de demain.

Je voudrais vous souhaiter
Le plus sincèrement possible :

« BONNE JOURNÉE

ET VIVEZ UN MOMENT PRÉSENT

DE JOIE ET DE SÉRÉNITÉ. »

L'homme Invisible
17 OCTOBRE 2016

Hier soir, je suis allé,
Comme à mon habitude,
Depuis quelques années,
À une assemblée.

Comme toujours,
J'arrive tôt.
Je ne sais pas pourquoi,
J'ai probablement un espoir.

En effet, malgré le fait,
Que je participe,
Que j'essaie,
Que je persévère.

Les contacts sont toujours,
Difficile à établir.
Il y a bien parfois,
Une personne qui s'approche.

Mais encore, ce n'est jamais,
Pour établir une vraie relation.
En général, dès qu'un troisième s'approche,
Le premier se détourne et s'éclipse avec lui.

J'ai beau donné la main à tout le monde,
J'appelle cela se faire arracher le bras.
La chaleur n'est pas là.
Le contact des yeux est absent.

Je vais m'assoir déçu,
De retrouver le même environnement.
Je regrette déjà de m'être déplacé,
Je pense déjà à partir.

Et soudainement, je réalise,
Je prends conscience.
Oui c'est ça!

Je suis invisible

C'est Quoi La Tienne ?
5 NOVEMBRE 2016

<u>Maudite vie sale</u>

Vendredi soir.
T'as bossé toute la semaine.
T'es fatigué mais c'est le party.
Tes chums s'en viennent.

T'arrête au dépanneur.
Les chips, la bière,
Dernier arrêt chez ton pusher
D'la dope en masse.

Y'a rien de trop beau
On veut du fun
Faut qu'on s'éclate
Faut que ça bouge

Tout le monde arrive
6 bières après
Que'q joints plus tard
Tout le monde s'effoire

Une heure après
Party fini
Ça dort dans le coin
L'autre qui est malade

On peut pas dire,
On a eu du fun.
Faut recommencer,
C'est ça la vie

C'est la belle vie

Vendredi soir.
T'as travaillé, t'as fait ta semaine.
Avec Julie, souper resto.
On parle avenir.
On parle voyage.

La bouffe est bonne,
Le vin aussi.
On a le goût de rire,
Mais on est sage.

On économise.
On veut se marier,
Pis s'installer.
Chus en amour.

Merci la vie,
Pour ces moments
Qui font de moi
Un homme heureux.

Ultime Amour

01 DÉCEMBRE 2016

Il n'y a pas si longtemps,
Tout au plus une éternité,
Je t'ai rencontré,
Toi qui sortait du néant.

Nous nous sommes croisés.
Tu ne m'as pas vu.
Mais peu il ne s'en fallut,
Pour que je te suive.

Tu m'aurais accusé,
De vouloir profiter,
De cette nouvelle saison,
Pour perdre la raison.

Et je me suis mis,
Comme un imbécile,
Comme un gamin malhabile,
À espérer de la vie.

Je me faisais des scénarios,
Pour tenter une ultime fois,
De sortir de mon cachot,
De contourner les lois.

Tu n'étais pas encore disparu,
Que déjà, tu me manquais.
Je ne voulais pas te perdre de vue,
Pouvoir te dire que pour toi mon cœur battait.

Mais je n'avais pas le droit,
De m'insinuer dans tes pensées.
Je savais que je n'avais plus la foi,
Que je ne pouvais pas aimer.

Un Jour À La Fois
(20/01/2017)

La vie n'existe,
Que dans le moment présent.

Il y a quelques instants,
Ou quelques heures,
Ou hier n'existe plus.

On ne peut rien y changer.
Alors pourquoi le regretter.

La vie n'existe,
Que dans le moment présent.

Dans 5 minutes,
Demain ou le mois prochain,
N'est pas encore arrivé.

On ne peut rien y changer.
Alors, pourquoi s'en inquiéter.

Vivre le moment présent,
Alors, je peux changer.

Et prendre conscience,
De ce qui nous entoure.
Sans regretter ni s'inquiéter.

La vie n'existe,
Que dans le moment présent.

Parfois des jours difficiles,
Faire confiance à la vie.
Parfois des jours heureux,
À pleines dents mordre dans la vie.

Il me faut penser,
Que pour trouver le bonheur,
J'y arriverai un jour à la fois.

La vie n'existe,
Que dans le moment présent.

Trouver Mon Chemin

01 MARS 2017

Il y a maintenant 6 ans, je suis arrivé chez AA, sans être vraiment convaincu de ce que j'allais y trouver. Durant près de 50 ans, j'ai cherché à apaiser ma colère, ma déception et ma souffrance de toutes les façons possibles. Alcool, drogues, sexe, thérapies, travail, dilapidation de mon argent, rien n'a fonctionné.

Alors, je voyais les AA comme un autre échec, même avant d'avoir commencé. Mais dans le fond de moi-même, je savais que c'était ma dernière tentative de trouver un peu de bonheur.

J'ai bu jusqu'à la limite de mon corps et de mon esprit. J'avais, 2 ans avant mon arrivée, commencé une thérapie ayant comme objectif de m'aider à me suicider.

Et de plus, les médecins que je consultais, me souhaitais bonne chance, parce que j'avais dépassé le point de non-retour, soit une panoplie complète de maladies, à laquelle s'ajoutait une cirrhose du foie. Probablement que si j'avais été patient, la maladie m'aurait emportée sans trop d'effort.

Mais la thérapie que j'avais entrepris 2 ans auparavant, m'amenait à me remettre en question et me faisait douter sur le fait d'avoir tout essayer pour trouver ce fameux bonheur que j'avais tant cherché.

Et en suivant ma réflexion lors de mes séances de thérapie, je me suis lancé le défi d'aller à un meeting AA. Je dis défi, parce que je devais pour cela affronter une première peur, soit entrer à un endroit où il y avait plusieurs personnes inconnues. Et je peux dire aujourd'hui que cela a été vraiment difficile.

Mais, après une première réunion, à laquelle seule l'accueil du nouveau m'a touché, je suis retourné à une deuxième réunion puis j'ai continué. Étant quelqu'un qui doit comprendre les choses, je me suis mis à la lecture des livres disponible aux réunions. J'ai aussi écouté les partages des membres et j'ai rencontré des personnes avec qui je pouvais discuter de la maladie et des moyens que ces membres avaient utilisés pour s'en sortir.

J'ai retenu et surtout accepté que je ne connaissais pas tout. À ce moment-là, j'ai commencé à apprendre. Et j'ai commencé à mettre en pratique ce que j'apprenais. La méthode, les étapes, l'implication ont été et sont toujours les guides sur ma route du rétablissement.

J'ai appris à séparer la spiritualité de la religion. J'ai appris l'humilité dans le service et au travers mes implications.

J'ai commencé à m'apercevoir que les promesses se réalisaient. Que ma vie changeait. Que j'avais une place quelque part et que j'avais le droit de la prendre.

Tout cela a fait que j'ai intégré, dans tous les domaines de ma vie, les connaissances, les prises de conscience et les acquis. J'ai appris à me pardonner, à faire la paix avec mon passé.

Aujourd'hui, je peux dire que j'ai trouvé le fameux bonheur que j'ai tant cherché. Et je sais maintenant qu'il n'était vraiment pas loin de moi. Il était tout simplement enfoui au fond de mon cœur.

Je te souhaite de trouver, tout comme moi, la paix, le bonheur et la joie de vivre.

Une Brise De Fierté

08 MAI 2017

J'ai traversé le pays,
Cherchant qui je suis.
Les méandres de la route,
Ont chassé les derniers doutes.

Comment ne pas être séduit,
Par ce village blottit,
Au fond d'un écrin tout vert,
Et se reposant sur un lit de mer.

Sans y faire attention,
Je m'y suis arrêté.
Et sans savoir pourquoi,
Je m'y suis installé.

Pouvais-je me douter,
De ce que j'allais y trouver?
C'était impensable,
Presque inimaginable.

Et pourtant, au-delà des lumières de la mer,
Point de rencontre du fleuve et de l'Atlantique,
Des montagnes immenses soutenant
                              Le ciel de leurs pics
Et couvertes de forêts de conifères.

Se trouvent une poignée de gens,
Qui portent en eux l'héritage,
De leurs ancêtres, de leurs parents,
S'accrochant à leur rêve avec Courage.

Ils ont traversé l'océan,
En n'apportant avec eux que l'espoir,
Pour eux et leurs descendants,
D'une vie meilleure, sans histoire.

Vivant près de ce grand fleuve,
Ils ont dû affronter,
Leurs lots d'épreuve,
Sans jamais abandonner.

C'est, meurtri par le labeur,
Lorsqu'ils pensaient que tout était perdu,
Qu'ils se sont relevés, face à leur destin,
Sans jamais s'avouer vaincu.

Ce rêve était ambitieux,
Et l'histoire de leurs aïeux,
Fait que les gens de cette paroisse,
Portent avec fierté le titre de

Marsois, Marsoise

Couleurs de la mer

27 JUILLET 2017

Celui qui ne l'a jamais vraiment regardé,
Dira à coup sûr qu'elle est bleue.
L'érudit, celui qui a tout étudié,
Confirmera que l'eau n'a pas de couleur.

Mais assis devant ma fenêtre,
J'assite à un spectacle de couleur,
Changeant au gré des heures,
Et dirigé par la main d'un maître.

Il suffit de l'observer un peu,
Pour voir son éclat, sa beauté,
S'unir aux couleurs des cieux,
Dans l'ultime dessein de nous charmer.

Lorsqu'elle s'agite avec le vent,
S'accrochent à sa surface,
De petits bouts de nuages blancs,
Jouant à saute-moutons.

Puis, les jours de tempête,
Elle devient noire,
Un noir chargé de colère,
Alors que les nuages envahissent l'air.

Mais les jours de beau temps,
Sous le soleil d'été,
Elle devient bleue vacances,
Un bleu des plus éclatant.

Le soir, lorsque le soleil descend,
Que la lumière se tamise,
La mer prend une teinte pastel,
Un bleu si doux, qu'il attire le calme.

Le Vieux Quai
5 AOÛT 2017

Aujourd'hui, je me sens vieux.
Dans l'eau, j'ai mal à mes pieux.
Je me sens abandonné,
Triste et fatigué.

Bah, c'est comme toute chose,
Du temps, je subis la métamorphose.
Même si on a déjà été aimé,
On finit par être oublié.

Vous savez, j'ai déjà été jeune et populaire.
Je me souviens, lorsque j'ai été construit,
J'étais désiré, on m'attendait.
On me voulait solide.

Il y avait des projets pour moi.
Alors, les hommes m'ont assemblé
Avec les matériaux les plus forts.
Après tout, j'étais le centre de leur univers.

Je pointais fièrement vers le large.
Entre ici et les barges,
Entre le travail et la richesse,
J'étais le lieu des prouesses.

Et tout de suite, il y a eu affluence.
Les bateaux se succédaient,
Partant avec le résultat de leur labeur,
Et revenant avec ce qu'ils espéraient.

Aussi, j'étais le point de rencontre des hommes,
Qui, au retour de la pêche,
Devaient préparer le poisson,
Tout en se racontant des histoires de mer.

Et j'étais le lieu d'inquiétude des femmes,
Lorsque le temps se couvrait,
Qui, guettant au loin les bateaux toujours en mer,
Espéraient que tous seraient de retour.

Et les dimanches, après la messe,
Les enfants courants, riants,
Pendant que les parents se rencontraient,
Et se donnaient les dernières nouvelles

Et les soirs d'été, lorsque la lune et les étoiles,
Sur les reflets des vagues dansaient,
Et que les amoureux en profitaient,
Pour rêver au jour du voile.

Puis un jour, la route est arrivée.
Tout s'est mis à aller plus vite.
Les bateaux se sont faits plus rare.
On n'arrête pas le progrès.

Les gens se sont trouvés d'autres occupations.
La télé a remplacé les promenades.
Imaginez, on pouvait, sans sortir,
Tout connaître sur le lointain.

Puis, avec le temps,
Je commençais à vieillir,
Il n'a pas fallu grand-chose,
Pour emporter une partie de moi.

Je me demande si les gens se rappelleront,
Les années de bonheur, les jours heureux,
Lorsque je ne serai plus,
Qu'un vieux tas de pieux.

L'être Humain

27 AOÛT 2017

10 L'humain arrive sur la terre.

9 IL découvre toutes les richesses
                              Autour de lui.

8 IL part à l'aventure, cherchant à connaître
                              Son habitat.

7 IL constate que partout, il y a
                              De l'abondance.

6 IL veut posséder tout ce qu'il voit.

5 IL est prêt à utiliser tous les moyens
                              Pour y parvenir.

4 IL invente la guerre et se proclame
                              Tout puissant.

3 IL devient le Maître de l'univers.

2 IL invente la surconsommation,
                  Pensant que tout est inépuisable.

1 IL part à la conquête de l'univers, oubliant
                  De protéger son coin de terre.

0 Oubliant qu'il n'est qu'une poussière,
                  Il est balayé de la terre.

Ce ne sont que des mots

L'été Tire À Sa Fin
(30 AOÛT 2017)

L'été est presque fini.
Les roulottes disparaissent,
Emportant avec elles,
Les parents, les amis.

Le camping se vide.
Encore une ou deux semaines,
Et le va-et-vient se sera tu.
Plus de « Bonjour » d'inconnus.

Bon, on s'écrira,
On s'appellera,
Mais ce n'est pas,
Comme s'ils étaient là.

Il y a un peu de nostalgie,
Un peu d'ennuyance,
Qui s'installe dans le cœur,
De ceux qui restent.

Les enfants partent pour l'école.
Le retour au travail,
Les maisons se vident,
La vie reprend son cours.

Les journées plus courtes,
Et elles tardent à se réchauffer.
Déjà on est à préparer
La prochaine saison.

On essaie de profiter,
De la nature verdoyante,
Qui bientôt mettra,
Sa robe de couleur.

Et on s'encourage en disant,
Que dans quelques mois,
À nouveau, l'été reviendra,
Comme elle le fait depuis toujours.

Lorsque

22-10-2017

Lorsque tout sera dit,
Lorsque tout sera consommé,
Lorsque le ciel à la terre s'unira,
Lorsque la mer sera couleur de sang,

Mon cœur s'éteindra doucement,
Mon esprit vers l'inconnu s'envolera,
Emportant des images d'une vie déchirée,
Qui se marieront à l'univers infini.

Ce ne sont que des mots

Tempête

20 NOVEMBRE 2017

Ce soir, c'est la tempête.
Pas celle du siècle,
Mais tout de même,
Une de plus dans ma vie.

Le vent souffle la neige sur la maison,
Elle qui ne veut pas partir.
Alors il tourbillonne pour l'étourdir,
Pour lui faire perdre la raison.

Dans ma tête,
C'est la tempête.
Pas celle du siècle,
Mais une de plus dans ma vie.

Le vent souffle dans mes pensées,
Elles qui ne veulent pas partir.
Elles tournent pour m'étourdir,
Pour me faire perdre la raison.

Dans mon cœur,
C'est la tempête.
Pas celle du siècle,
Mais de la dernière heure.

Le vent souffle dans mes souffrances,
Elles qui ne veulent pas partir,
Revenant toujours jusqu'à outrance,
Jusqu'à me faire mourir.

Lettre À La Terre

2 FÉVRIER 2018

Chère terre, lieu où nous vivons,
Je prends quelques instants,
Pour t'écrire ces quelques mots,
Pour te dire que je pense à toi.

Je sais que nous, les humains,
Nous ne sommes pas toujours là pour toi.
Mais aujourd'hui, je voudrais m'excuser,
Au nom de tous les êtres « intelligents ».

Toi que nous regardons de haut,
Sans voir le plus petit,
Vivant à ta surface,
Respectant les règles établies.

Toi que nous avons blessé,
Et nous continuons à le faire,
Afin de satisfaire,
Nos besoins insensés.

Toi que nous cherchons à fuir,
Maintenant que nous avons détruit,
Ce que tu nous offrais,
Toujours généreuse de tes ressources.

Toi qui a toujours tenté,
De nous combler,
En nous offrant ce que tu avais de meilleur,
Pour nous apprendre le partage.

Toi qui continue de nous offrir,
Des paysages à couper le souffle,
Toi qui parfois nous rappelle à l'ordre,
En nous donnant une leçon de vie.

Toi qui a connu mes ancêtres,
Et je l'espère connaîtra mes descendants,
Je vous m'excuser du manque de respect à ton
égard,
Et te remercier de continuer à nous supporter.

Et je voudrais te dire,
Comment, malgré nos écarts,
Il fait bon vivre ici.
Je t'aime, Terre de la vie.

D'un humain qui essaie d'être un peu plus Terrien.

Seul Maître À Bord
25 MARS 2018

Je suis Capitaine,
Prêt à embarquer,
Face au défi,
De toute une vie.

Voguer à l'aventure,
J'en ai besoin.
Aller plus loin,
Toujours vers le futur.

Je m'étais promis,
De ne plus partir.
Et de nouveau,
Je m'y suis pris.

Debout, sur le quai,
Face à ce navire,
Immense et fragile,
Nous nous affrontons.

Par la pensée,
Nous nous bousculons.
Afin de jauger l'autre,
Dans sa capacité.

Je pense que c'est gagné,
Que je serai le survivant.
Mais au dernier moment,
Un doute me fait reculer.

Encore cette peur,
Remplie de sueurs,
Qui me fait vaciller,
Qui m'empêche de monter.

La peur que je pensais conquise,
Comme vainqueur d'une banquise,
N'était que caché, en attendant,
De revenir plus forte qu'avant.

Je me rappelle Bilbo,
Maugréant à tout moment,
Comme il aurait bien voulu,
Resté chez lui, bien au chaud.

Je me sens seul,
Au bout de mon quai,
Espérant un treuil,
Pour me supporter.

L'anxiété de ce moment,
La peur de l'engagement,
Mon cœur me martelant,
Pour m'emporter dans le néant.

Partir ou bien rester.
Gagner ou avoir tort,
À moi de décider,
D'être le Seul Maître à Bord.

Toi Ton Bord C'est Quoi ?

30 AVRIL 2018

Y'a tu quelqu'un qui va m'expliquer ça?

Ça fait plusieurs fois que je me fais dire que je ne suis pas du bon bord, ou que j'ai choisi mon bord et même que j'ai changé de bord.

Personne ne m'a jamais demandé de choisir un bord. Pourtant je regarde autour et je ne vois pas de bord.

Je demeure en plein centre du village. Je vois plein des gens avec le sourire et quelques autres qui ne l'ont pas. Probablement qu'ils ne vont pas bien. On peut juste leur souhaiter un prompt rétablissement. C'est vrai, quand on ne va pas bien, c'est normal d'être de mauvaise humeur.

Ça me rappelle la cour d'école. Quand c'était la récréation, il y avait toujours un jeu avec des équipes. En général, les 2 meilleurs étaient les chefs d'équipe. Ils choisissaient ceux qu'ils voulaient sur leur bord pour gagner.

Ce ne sont que des mots

Bien oui, il y avait toujours des gagnants et des perdants. Parfois, tu étais dans les gagnants et d'autres fois, tu étais sur le bord des perdants. Bon moi j'haïssais les jeux, je n'étais pas bon alors ils ne me choisissaient jamais. Alors j'étais sur aucun bord.

Ça doit être de là, que viens ma nature de parler aux gens qui le veulent bien. J'accepte tout le monde, peu importe sur quel bord il pense être.

Et de plus, ça ne ressemble pas à une cour d'école, avec des lignes pour marquer les bords des jeux.

Est-ce qu'ici nous sommes encore dans une cour d'école?

Est-ce que nous ne sommes pas trop vieux pour jouer au ballon chasseur, au drapeau ou à la marelle?

Alors, c'est quoi le bord?

Je ne voudrais surtout pas être trop sur le bord pour pas tomber en bas, dans la décrépitude de mes idées.

En tout cas, je vous souhaite un bon et merveilleux BORD de journée.

Moi je vais vivre la mienne sur mon bord.

Moi, Un Immigrant, Réfugié
30 AVRIL 2018

Je ne suis plus sûr de quel pays je viens.

C'est vrai. Je suis né au Québec et j'ai toujours vécu au Québec, mais j'ai déménagé au moins 27 fois dans ma vie.

Ste-Rose, Ste-Rose, Ste-Rose, Ville St-Laurent, Ville Saint-Laurent, Ville Saint-Michel, Ste-Eustache, Ste-Rose, Fabreville, Terrebonne, Pont-Viau, Pont-Viau, Ste-Eustache, Parc Extension, Duvernay, Rosemont, Plateau Mont-Royal, Hochelaga-Maisonneuve, Hochelaga-Maisonneuve, St-Hubert, Boucherville, Contrecœur, Val Bélair, Val Bélair, Les Cèdres, St-Télesphore et finalement Marsoui.
(À NOTER QUE LES RÉPÉTITIONS NE SONT PAS DES ERREURS, CE SONT RÉELLEMENT DES DÉMÉNAGEMENTS.)

Pourquoi je vous dis cela. Ce n'est pas pour vous démontrer que je suis instable, même si c'est un peu vrai. Mais bon, la vie mouvementée que j'avais, m'a fait faire des choix et je les assume.

Je veux simplement dire qu'avec tous ses déménagements, je ne suis pas sûr de savoir de quel pays je viens.

Je suis un immigrant réfugié qui a demandé l'hospitalité à tous les endroits où je suis passé. Et comme tous les immigrants doivent le vivre, on essaie de me donner l'impression que je ne suis rien, que je ne connais rien, que je ne sais pas grand-chose et que mes idées sont dépassées.

Alors, sachez que comme tous les immigrants réfugiés, j'ai étudié, plutôt 2 fois qu'une. J'ai travaillé dans plusieurs domaines où j'ai toujours réussi. J'ai acquis des connaissances dans une multitude de domaines. J'ai vécu des expériences hors du commun.

Mais comme le vivent la plupart des immigrants réfugiés, qui comme moi vienne de l'extérieur du pays, il est difficile d'être accepté avec nos acquis et de s'intégrer dans la communauté.

J'admets que je ne suis pas un « Vrai de souche », comme le dit une page Facebook, Mais à la vitesse que les compagnies forestières coupent les arbres, j'aurais peur qu'ils me coupent le tronc…

D'ailleurs, nous sommes tous parents puisque selon
la religion Catholique, nous descendons tous
d'Adam et Ève et que selon la science, nous
sommes tous des héritiers de « l'homme de Cro-
Magnon », qui lui-même descendait des singes.

Un Jour L'amour
16 JUILLET 2018

Un jour, Dieu me lança un défi.
Il me dit que jamais,
Trouvé l'amour, je ne saurais,
Dans ce monde si petit.

Quand bien même,
Que toutes les gouttes de la mer,
S'écouleraient de la surface de la terre,
Et assècheraient tous les déserts.

Et que les nuages,
Noirs de l'orage,
Voleraient, poussés par le vent,
Au-dessus des oiseaux insouciants.

Quand bien même,
Que toutes les feuilles de l'automne,
Couvriraient le sol des forêts,
En tas plus haut que les arbres.

Que tous les animaux,
Courant, rampant, volant ou nageant,
Se changeraient en humain,

Il n'y avait aucune chance,
Pour que je le trouve.
Et depuis ce temps,
J'ai cherché et ne l'ai pas rencontré.

1

1

1

1

www.ingramcontent.com/pod-product-compliance
Lightning Source LLC
LaVergne TN
LVHW011233080426
835509LV00005B/472